내게만 들리는 소리

내게만 들리는 소리

지연경 시집

도서출판 **코레드**

차례

제1부 김장을 마치고

11   김장을 마치고

12   가시가 박혔다

13   갈치

14   개심사 開心寺

15   고드름

16   곰치

17   구름찾아 구름포

18   공범

20   구읍뱃터

21   국수집 딸 광숙이

22   바람이 전해온 말

24   굴 따는 아낙네

25   그랜드캐넌

26   기억은 어디로 와서 몸 깨우는가

27   길 잃은 개 I

28   길 잃은 개 II

29   꽃뱀, ---보셨나요

30   나목 裸木

31   내게만 들리는 소리

32 내리길

33 능소화

34 달빛 공원

35 당신은 부재중

36 등 달러 가는 길

37 똥마장

38 렌탈해 드립니다

39 로또

40 무의도의 밤바다

제2부 물동이 이는 여자

45 물동이 이는 여자

46 뭍으로 오른 을왕리

47 바다로 가고 싶어

48 바람

49 바위

50 발톱으로부터

52 배고픈 햇살

53 부엉이

54 부지깽이

55	부추 꽃
56	봄을 빼앗다
57	사라진 노숙자
58	상패와 리모컨 속 남자
60	수중카페
61	슬픈 바다
62	정서진을 지나다
63	십정동 도축장 -첫눈-
64	악마를 보았다
66	알뜰 중고 매장
68	요실금 -방울이-
69	우리 이렇게 가고 있네 -만리포-
70	원인재 驛
71	월미도
72	이상한 계산
73	잘 가, 고양이
74	정글의 법칙
76	정월대보름

제3부   제물포구락부

81	3분
82	5월
83	201호 병실
84	제물포구락부
85	제삿날
86	제주에서
87	중년이 되어
88	조장 鳥葬
90	죽녹원
92	지푸라기라는
93	탁란 託卵 -떠돌이 개-
94	폐선 한 척
95	하필이면
96	하늘 성적표
98	한계령을 넘다
99	해질녘 장화리
101	自 畵

내게만 들리는 소리

제 1 부
김장을 마치고

김장을 마치고

새삼 인사를 올립니다.
안 계신 20년도 넘게 김장도 모르고 살았지요.
사다 먹기도 하고 맞벌이한다는 핑계로 바쁘다니
지인들 한 통씩 주기에 안 해도 되는 줄 알았죠.
올해는 내가 사 논 밭에 김장거리 심어 어제 뽑아왔어요.
영하의 날씨에 어머니는 수십 포기를 꽁꽁 언 손
더운물에 담가 가며 며칠을 겨울 준비하셨지요.
그때도 공부한답시고 직장 회식이라고 친구들 모임이다
요리조리 빠져나갔지요.
서서히 곪아 가는 당신 몸을 아랑곳하지 않았지요.
어제부터 배추, 무 다듬고 오늘 아침부터 배추 절이고
양념 준비하고 그야말로 허리가 휘도록 처음으로
김치를 담금니다.
올해 막내딸이 귀동냥으로 입으로만 배운
종갓집 종부 어머니 깊은 김치 솜씨 한 번 올리겠습니다.
어머니가 하신 모든 것들이 제 몸에서 되살아나는 것,
아마도 어머니를 편히 보낼 때가 되었나 봅니다.
'얼큰 시원한 안동 김치 한번 잡숴 볼라니껴'

가시가 박혔다

발가락에 가시가 박혔다
찬란하고 요염한 가시를 무심히 내버려 두었더니
어느새, 새까만 영역이 꿈틀꿈틀 날름날름
곤두선 신경을 건드리며 요동친다.
핏빛으로, 폭군처럼
흉물스레 내 속을 휘저어도 끄떡없다
이 몸속엔 서슬 퍼런 쇳조각도 들어와 마구 난도질 했는데.

둘째 아이의 난산으로 칠흑의 터널을 지난다
피비린내 진동하는 수술실
보호자들 동의를 얻고 잠시 저승을 다녀온 臟器들,
생의 끈을 꽉,
틀어 움킨다.

그 가시 하나
妄覺의 강을 뚫느라 분주하다

갈치

갈치를 사먹은 적 없다
집에서도 아이들까지도 먹이지 않았다

연안부두 갈치전문집에서 모임을 가진 날
밑반찬 안주 삼아 소주를 마신다

갈치는 왜 안 먹냐? 물어 와도
가시가 많아서 비린내가 싫어서
알레르기가 있다고 둘러댄다

좌판에서 몸통 없이 버려진 것들 챙겨오던 엄마.
그것들 허겁지겁 빨다 삼키다 목구멍에 상처 난 적 많았지

서둘러 집으로 가는 길
온통 살맛 나는 세상을 꿈꾼다.

개심사 開心寺

산사 종소리가 울려 퍼진다
한 쌍의 산새 맴돌다
멀리 날아 가버린다
우주가 열리고 하늘이 열리고
산이 열린다.

대웅전 뜰 앞
뜬눈으로 지 샌 목련화 만개를 꿈꾸고
명부전 아래 한 아낙은 기도를 하고.
천길만길 산길 번뇌 타오르는데

멀리
서해 푸른 시름이 출렁인다

하나둘 버려 놓고
하나씩 지고 서 있는 돌탑
허공으로

돌탑 하나 곱지 않은 궤적을 높이고 있다.

고드름

그해 겨울,
엄지발가락을 도려 낸 그가 떠났다

비좁은 찬방에 약봉지가 널브러진 채
얼굴에 밥풀들이 꽁꽁 얼었다

주민센터직원과 이웃들 빈소를 차렸다
무연고 시신 위패에 사진 한 장 올려놓고

가는 길 편히 가세요
쪽방 이웃들이 꼬깃꼬깃 모은 돈으로
고봉밥 올리고 쌀 꾹꾹 담아 향도 피웠다

꽃 하나 없는 빈소에
한 잔 퇴주잔이 덩그러니 놓여있다

동인천 후미진 골목 처마 끝 고드름
밤새 눈물 떨구고 있다

곰치

가문 따지고
族譜까지 들먹이던
내가

그,
미련하게 큰 몸짓도 모자라
물컹, 미끄덩, 흐물거리는
고것에 손들고 말았다

주문진항 허름한 가게 안
씹을 겨를 없이 좌르르
온몸을 녹여주는
뼈대 없는 그것에

구름찾아 구름포

꿈길 같은 구름포
인적 드문 해안이 살풋 얼굴 숨긴 곳
실크로드 모래바람 지나온 옥팔찌 끼고 준비해 온 원두커피
해안을 걷다 보니 밀고 당기는 물살에 퍼지는 커피 향
파도에 다친 바위처럼 굳어진 어깨 통증
던지려 달려 온 새벽 바다
차마 이슬처럼 청아한 너의
물살에 던지지는 못했네

공범

아무리 생각해도 우리 고양이는 가족이 있을 거다
들장미 향 마을을 휘감고 부슬비 오던 오래전
단지 내 공원 의자에 잠자고 있는 냥이를 보고
딸은 아빠에게 다급히 전화를 했고,
무작정 데려온 뻔뻔한 녀석
꼬리를 치켜들고 집안을 활개 치고
지금까지 잘살고 있는 것인데

가끔, 그곳을 지날 때면
비슷한 냥이들 돌아다니는 걸 보고 놀란 적 있었지
유난히 냥이를 좋아하는 부녀의 천성이
본의 아니게 공범이 된 것이리
어제도 산 아래 살던 낮은 집들 지나다
우리 냥이 누나나 고모뻘 냥이를 보고
급 브레이크 잡아야 했지

아파트에 갇혀 우두커니 밖을 보는 냥이
괜히 미안한 마음에 간식 뜯어 주면
얼마 전 입양한 애기 고양이
달려들어도 내어주는 대견한 녀석
부녀는 공범을 극구 부인하고
뻔뻔한 녀석 딸 품에 안겨 폭풍 필살기 애교 중이다

구읍뱃터

뒤도 보지 않고 한달음 여기에 왔어
저 바다 너머 동일방직에서 밤낮없이 재봉질해
번 돈 고향에 부치고, 얼마 남은 돈으로
배 터가 가까운 좌판에서 회도 사 먹고
기숙사 친구들과 유행가도 부르곤 했지

잘 닦인 부둣가에 갈매기들이 떼지어 앉아 있다
곳곳에 아직 던지지 못한 그물들, 엉킨 시간을 붙든 채
누군가는 여기서 간절한 약속을 했던가.

해변에 천진한 연인들 웃음소리
한달음 달려 온 일몰에 실려 가네
옛 바다에 던진 한 시절의 애인들
속 깊은 뻘 속에 서서히 봉인된 채
언제 다시 와도 늙은 나를 맞이하랴

옛 배 터, 젊은 날 순결한 물길이 넘실대는

국수집 딸 광숙이

너!
만날 수 없어 친구들 다 궁금해 하더라
여기저기 너의 소문
웃자란 잣나무 잎처럼 무성 하고
쉰 김치찌개 한 통 묵은 짠지무침으로
입시에 찌든 우리 반을 사로잡던 너.

부모님 일찍 여의고
뒤도 보지 않고 내다 버린 국수틀,
화수 부둣가 어딘가 굴러다니고 있을까
말린 국숫발을 기계보다 더 잘 썰던 친구야
추억들마저 뚝 잘라내진 않았겠지.

연락 한번 해라
010-****-보고 싶다
참, 독신인 주연이가 너 부러워하더라.
오래전 아이 셋 데리고 가는걸
주안역 앞에서 얼핏 본 것 같다던데...... .

바람이 전해온 말

별의 자식 우리는 지구에서 모래처럼 쌓여
바람처럼 스러지고
수많은 시간은 멀고 거대한 바위가 되고
물이 되고 바다가 되어 가는 여행.

1
지난해 구석기 바위들이 이룬 거대한 협곡에 들었네
나를 찾아와 준 너는 어떤
바람이 있냐고,
나는 그냥 바람으로 왔노라 했지

그 바람 우리 집 앞에서도 보았던 친구였지
내 마음속 허락 없이 들어가고
허락 없이 밀쳤던 인연이었어

2
그녀가 바람이 나 집을 나갔다는 소식을 들었어
책 읽기를 좋아하던 그녀가 어디서 무얼 하나
수소문해도 찾을 길 없었지

낮잠을 자다 창문을 두드리는 소리
숙이었네, 얼굴이 차디찬

조용히 내 귓가에 소근거렸어
–나는 바람나서 집을 나간 게 아니라
남편에게 맞고 시댁에서 구박받다 살려고 나간 거야–
–두고 온 세 아이하고 바람결에 소식도 주고받고 있어–

그 바람 내게도 와 주었어. 많이 보고팠다고
잠결에 어떤 바람이 깨우면 나인 줄 알라고
부디 잘 살라고
희고 눈부신 국수 집 딸 내 친구 다녀갔네

굴 따는 아낙네

갯물이 오고 있다.
파도가 달려든다.
하늘과 바다는 하나가 되고
굴바위 들이 우뚝 솟아오르면 황새 부부 입을 맞춘다.
괭이 부리 갈매기들 훨훨 날고
쉴 새 없이 밀려드는 소리에
붉은 땀을 닦고 서둘러 호미를 내린다.
내년이면 포구에 가게 한 칸 마련할 꿈에
시간 가는 줄 모르고 한가득 굴 따는 아낙들
멀리 팔미도 등대가 불 밝히면
저 멀리 신도시가 찬란하다

그랜드캐넌

한번 상처 난 곳 아물지 않아
세상 외진 곳도 두드려도 보고
허기지고, 숨 막힌 어두운 날에는 기도를 드렸네
상처는 이기심이었네
넓지 못한 마음이 헛된 병을 키웠네
그 아래 추악한 악의 씨앗을 던져 놓았네

검푸른 심해처럼 속을 쉬 보이지 않은
바위섬들이 떠미네, 가라하네
사람에 헤진, 덧난 고름이 골바람에 빨려가네
끝이 없을 길들이
골짜기마다 마음 내주고
사막을 달리네

누군가 골 깊은 왕국에 진실을 묻어두었네

기억은 어디로 와서
몸 깨우는가

이번에도 어김없다. 수학 공식처럼
한 치의 오차 없다
두 아이 산달도 내 귀빠진 날에도
기어이 몇 날을 앓고 지나간다

한때는 우주의 별이라고 착각하고
언제는 한 줌 흙이고 먼지라 생각했는데
살아 숨 쉬고 정신은 최초의 기억을 더듬다
장엄한 아픔이 발현發現한다

그리하여 가끔 울컥 눈물 쏟아내는 일출과
영원한 생명 잉태하려 달의 여신은 동굴로
나도 지구도 은하수도 물과 바람과 하나였나
모두 내 안에 있었던 것들.

입술까지 부르튼 볼품없는 몸
모든 것을 기억하리

길 잃은 개 I

몇 시간 전 그곳에서 보았던 개
아직 그 자리를 떠나지 않는다
좌우를 살필 여유도 없는지
경적을 울리는 차를 무심히 본다
주인과 산책하고 뛰놀았던 한때가 떠오르는 걸까
잠시 하늘을 올려 볼 뿐
함께 어울리던 개들이 하나둘 없어질 때마다
사거리 모퉁이에서 꼬리를 떨며 울부짖었지
얼마 가지 않아 그들과 만나 맘껏 뛰어놀리라

깜박이는 붉은 신호등을 향해 당당히 걸어가는 개.

길 잃은 개 II

두 눈을 부릅뜨고 내 달리는 차들을 보며
되돌아오는 개는 치를 떨 듯 털을 흔들어 댄다.
친구들과 다니던 얼마 전에도
커다란 차도 사람도 무섭지 않았다.

어제 새벽, 음주운전 차량에
가는 허리가 잘린 채 죽은 암컷
그가 없는 이곳을 몇 시간이 지나도록
벗어나려 발버둥 친다.

용기 내어 건너보려다 몸을 부르르 떤다
길은 아득히 먼 강처럼 굽이친다
슬금슬금 꼬리를 감추고 어디론가 향한다.
길 없는 길 찾아 깊숙이 묻혀간다.

꽃뱀, ---보셨나요

마을에 살고 있는 꽃뱀 한 마리 보셨나요
눈알을 또록또록 굴리며
한시도 쉴 틈 없이 혀를 멋지게 감아올리는,
언제든 먹잇감을 잡아챌 순간을 위해, 허물을 단장하는
턱 안쪽 깊숙이 감추어진 독을 품고,
화사한 무늬를 휘감고 어디론가 사라지는,
새끼들 고액과외 시키려고, 수입 가구 사려고
최신형 고가의 자가용으로 바꾸려
날아갈 듯 화사한 옷을 입은 그녀

신랑 누런 뱀은 똬리를 튼 채 현관문에 귀를 기울이고
오늘도 새끼들을 두고
물 좋은 곳으로 빠져나간 그녀를 기다린다
그녀의 수첩에는 이미 눈 맞은 사냥감의 연락처가 줄을 섰다
새벽녘 들어 온 그녀의 기척에 누런 뱀은 자는 척한다
불룩한 꽃뱀의 배, 날개옷을 벗는다
온몸이 떨리는 누런 뱀 식은땀 흐른다

잠들지 않는, 신도시
휘황하다

나목 裸木

겨울이 다 가도록
어둠을 밀어내고
눈물과 한숨으로 버틴
희망이 함께 오리니

우듬지에 앉아 울어주던
새가 짝을 찾아오면
목마름도 가시겠지
마디마디 물길 흐르고

몸 구석 사이사이 도란도란
다정한 소리에 젖어
뿌리 뻗어 참 잠 깨우는
나무 소리 들어보네

내게만 들리는 소리

가뭄에 지친 나무들,
갈라진 논바닥을 비집고 물길을 찾아 나섭니다
타클라마칸의 낙타들 온몸 구석구석 뼈마디를 밟고 옵니다
수 많은 발자국 지나던 길에
인내와 시간의 화석 층수 높여갑니다
하늘 문이 열립니다. 땅이 솟아오릅니다.
마음 빗장 열고 기지개 펍니다.
은하수 모든 빛 혈관 타고 흐릅니다
누군가 낮게 휘파람을 붑니다
박새가 모과나무에 무시로 드나들더니 둥지 틉니다
웃자란 무덤가 잡초들 수런거립니다
야생의 말 한 마리 어디론가 달립니다
선두리 포구 갓 잡은 새우들 힘차게 버둥댑니다

누군가 내 방을 두드립니다.

내리길

저 아래는 늘
바다와 닿았지
내동교회 문을 열면
언덕 아래 짠물에 절인 마을이 있지
야수의 무리 핏빛 회오리를 몰고
산과 들 살점 도려내고 난도질했어도
물길, 여전히 검푸르고 아득했지

이제 옛길,
만국공원 오르는 길
숨을 허적이는 바다를 본다
섬이 되거나 화석이 되거나 바람이 되어 떠난 친구들
오늘도 가로등 빛 가물대는
골목 여기저기서 숙이, 환이를 만난다
좁은 집으로 떠밀리는 숨소리

무성한 소문의 끝, 어둠으로 젖어 드네.

능소화

태풍 나리에 20년생을 마감한 능소화
가늘어 꼬여가는 할머니 허리 같은 밑동을 심었지
물을 주고 보듬고 시나브로
똑같은 아가 하나 몰래 낳아 키우더라

나무도 죽기 전 새끼 하나 번식한다는 말을 믿고 싶었지
아직 연한 잎을 맡아보고 입을 맞춘다
발그레한 볼에 물오르면
누구라도 드나드는 담장 낮은 집에 만발하리

달빛 공원

달빛 담고 길게 늘어선 소나무들
그 아래 계단을 오르내리는 공원
그 남자 그 여자 의자에 앉아 손을 잡고 있다
여자가 속삭인다
'저 달 속에 강도 있고 숲도 있고 사막도 있어'

걸음을 멈추고 달을 본다
내 안에 강물을 퍼 올린다
한때의 기억 어딘가 두고 온 그림자 일렁인다
두레박 하나를 공중에 띄우고
날아간다

달빛 아래 그들 포옹하고 입 맞추고
잠시 달이 흔들린다

당신은 부재중

휴게소에 도착해서
그에게 전화를 건다 전화를 받지 않는다
신호는 여전하다
며칠째 전화를 받지 않는 그
우리가 한창 만날 때의 그 팝송 (yesterday) 그대로이다
전화를 받지 않을 작정인가
전에도 한번 바쁘다는 말 뿐
받는 둥 마는 둥 했지
다시 한번 걸어보고 받지 않는다면 저 금강에
이번에는 던져 버릴 거다.
전화를 잊자고 맹세한다
몇 시간 운전한 탓에 배는 고파오고
빈혈도 도지는 거 같다
편의점 커피를 마신다 배가 쓰리고 터질 것 같다
급히 화장실에 가다 휴대폰을 두고 왔다
그냥 집으로 간다
혹시 그에게 걸어올지 모를 메세지는
어디론가 공중으로 메아리 칠 것이다

너와 같이

등 달러 가는 길

함께한 시간은 너무 짧았습니다
오늘 모처럼 시간을 냈습니다

몇 년 전 뚫린 터널 옆길
단풍 한껏 물오른 등산로를 지납니다

주말농장 텃밭에서 상추 쑥갓을 뜯어 쌈을 싸 먹고
무심한 구름 보며 노래를 부르기도 했지요

'넌, 그렇게 발발 떨지 말고 살어. 너를 위해서도 투자해'
하면서 자신은 온몸을 암세포에게 내주고 떠난 언니

내 이름자 같은 연경산
무시무시한 사천왕 뒤쪽 오백나한전에 왔습니다

늦게나마 등을 달았습니다

똥마장*

영하 10도를 밑도는 날이 계속입니다
갯벌의 산도가 열리자 양수가 터집니다
갯골 사이사이 얼음덩이 떠다니고
괭이부리갈매기들 오가기도 합니다

흐린 불빛 가물대는 태호식당 난로 곁에서
막 잡아 올린 새우와 낙지를 먹었지요

이제 매연만 가득해 당신이 버린 바다
바다 같지도 않은 이곳에서
그칠 줄 모르는 삼십년 시집살이 풀어 헤칩니다

그녀,
그 바다를 고향이라 부릅니다

* 인천 월미도 부근 작은 포구

렌탈해 드립니다

남편 대역, 부인 대역 해드립니다
부인 대역 00만원부터, 남편은 00만원
연락주세요
신랑 신부 혼주 대역이나, 하객,
친인척 애인 대행 아르바이트는 알고 있었으나
부부 모임용, 요즘 같은 연말에 찾는다는 부부대행이라

남편과의 이혼이 부끄럽고
부인과 불화로 사람들 입에 오르는 게 싫어서
지금 렌탈이 성행이란다

남편과 전남편을 독극물로 살해하고
수억의 보험금을 챙긴 부인,
부인을 내연녀와 짜고 청부살인 후 야산에 암매장 한 남편.

근사하고 능력 있는 남편에
세련되고 예쁘기까지 한 부인들만 꿈꾸는 세상.

중국발 스모그가 며칠째 몰려오고 있다
언제까지일지
예측 불가능하다

로또

−너희들은 신랑 전화번호 저장 네임이 뭐냐−

−'원수, 내 남자, 울 서방, 하늘, 그냥 이름, 현빈−

−이웃집 친구는 '로또' 야−

좋겠다, 부럽다, 정말?

−왜, 로또라고 했는지 알아−

−? −

−하도 안 맞아서래, 뭐든지 안 맞아서래−

문상 중 아니면 박장대소할 뻔.

무의도의 밤바다

실미도의 거친 숨결
아직 꺼지지 않은 불빛 사이로 그렁그렁 몰아쉬는 숨소리
바쁘게 달려오는 여명
아직도 재가 남은 장작더미들
남아있는 불들은 끓어오르다,
타오르는 청춘의 혈기를 묶어 놓은 채
포구의 밤은 그렇게 내게 다가온다.

목 놓아 불러도, 외쳐도
아무도 들어줄 것 같지 않은,
유령의 소리마저도 귀를 막고 흔들어 버릴 것 같은 정막
밤의 포구는 새로운 떨림과 환상을 더 해가며
가슴을 두드리기에 충분하다.

긴 옷자락 잠시 접고 꼬리에 꼬리를 감추고
포구의 밤은 사라진다.
긴긴 어둠 속으로 치렁치렁 장막을 펴고

초롱초롱 금빛 별들과 밤바다는 서로를 본다.
애무한다.
거칠게 안는다.

은빛으로 치장한 멸치 떼들인가?
넘실대는 파도는
동해로 대서양으로 태평양 어디든 간다.

내게만 들리는 소리

제 2 부
물동이 이는 여자

물동이 이는 여자

낮도깨비 닮은 홍역이었다
골 깊은 그 마을도 비껴가지 않고
한 집 건너 아이들이 줄줄이 죽어 나갔다

펄떡펄떡 뛰놀던 남동생 둘도 차례로
거적때기에 말려 나갔다

동생 둘을 잡아먹은 독한 년이라고,
외할아버지 할머니의 갖은 구박과 날 세운 눈빛에
온몸이 졸아 들며
아기 새 다리로 후둘 거리며 하루에도 수십 번 물을 날랐다

마을에 개 짖는 소리조차 멈춰야만
혼곤한 잠을 잘 수 있었다

십년 후 남동생 둘을 보고서
더 이상 물동이를 이지 않아도 되었다

동생을, 자식을, 손주들 업어 키우며
노래처럼 그 시절을 읊조리던 그녀
어깨, 허리 다 무너져 대학병원에서 시술 받고
자동 침대서 긴 요양 중이다

뭍으로 오른 을왕리

꽃게, 조개, 숭어, 우럭
물 만난 고기떼들이 펄떡거린다.
바다는 시간을 덥석 물고
뭍으로 넘어 올 듯 숨 가쁘다

원색의 보트들이 누군가를 기다리고
형형색색의 수영복을 입은 사람들
방죽에는 수많은 차들이 줄을 섰다

핑크빛 커플 옷을 입은 한 쌍 뒤로
꼬리를 물고 시위대처럼 밀려오는 인파들
한때는 할아버지, 아버지, 사촌들과 온 적이 있던 곳
살아있는 것들과 죽은 기억의 정거장인
거대한 수족관이 서해를 흔들고 있다

바다로 가고 싶어

그가 말했다
밀물과 썰물이 있는 곳이 좋아
물이 빠지면 뻘에 나가 낙지도 잡고 조개도 캐고
물이 차면 커다란 창가에 앉아 바라보는…….

–나는 파도가 출렁이는 시원한 동해가 좋아–

항상 같은 모습인 동해는 싫어,
그가 단호히 말했다

하루에 두 번 멀어지고 안겨오는 애인 같은 서해로 가자한다
자꾸 가자한다.
그의 눈 속에 바다가 이미 일렁이고 그 소리가 들리는데,
자꾸 바다로 가자는
그는 뻘처럼 조여들고 꺼져버리는 어떤 슬픔을 앓고 있는
것인가

내게도
언제든 달려갈 당신 같은 바다가 필요한 적 있었지

교차로 같은 그 바다
이미 굶주린 내 사랑을 삼켰다는 걸 알았네

바람

1.

갈대밭에 달빛 숨어들었다.
흐느적거리는 갈잎 달을 유혹 한다
갈댓잎 서걱이면 우우우 함께 노래를 부른다.
달은 더 농염하게 강을 삼킨다.

2.

온몸을 불사른 열꽃 날개 파닥이며 검은 하늘 오른다
푸른 물결을 삼키고 아득히 솟는다.

3.

꽃을 쫓아간 나비,

4.

天空에 바람 분다

바위

햇살이 바위 속에 알을 낳고 있다
바위 한쪽이 불룩하고 따뜻하다
이끼 하나 없이 제 살을 깎고 다듬어
곰삭은 얼굴을 묻고
무슨 사연 저리 오래 바람에 기대는가
산새들 오랜 전설을 깨운다
숲이 흔들린다

발톱으로부터

나는 매니큐어를 샀다
그것은 잘 안 지워지는 것이다
닦기 귀찮은 발톱의 때를 가리기 위한 것

처음 그것은 제 역할을 충실히 했다
한동안 내 발톱은 깨끗해 보였다
게 눈 감추듯 다시 해야 한다

어느 날
온몸에 매니큐어가 칠해있다
나는 온몸에 매니큐어를 칠한 것이다

그리고 안도의 숨을 깊이 내 쉰다
이것은 나에게만 해당되는 것이 아닐지 모른다
그것은 속을 보여주지 않는 저주.

내 몸은 썩지 않았다.
다만, 썩어가고 있다
오늘 또 아세톤을 샀다

한때는 자유였고,

또 한때는 속박인 삶에서,

나는 아세톤으로 샤워할 생각을 했다

문득,

햇빛을 보고 샤워,

샤워를 했다

배고픈 햇살

옆자리 여자와 시시덕거리더군요.
나는 무작정 차에서 내렸지요

터키 보수프레스 해협과 맞닿은 작은 마을쯤이었을까요

까르르 갸르르 아이들 웃음소리 굴러 흐르고
생선가게에서 아낙들이 즐겁게 떠들어 대고 있었지요
앞바다에 고래가 분수 물을 뿜어대고
하마가 게으른 하품을 합니다

허기진 채로 무작정 걸어 다녔어요

헐레벌떡 찾아온 그에게 매달리고 싶은 서러움이 밀려
끝내 어떤 말도 하지 못했지요

그 사이,
감쪽같이 모든 게 사라졌습니다

배고픈 햇살이 창문을 두드리더군요

부엉이

진돗개 예방 접종 약을 사러
야생동물 임시 보호소가 있는 병원에서
부엉이를 보고 나도 모르게 소리를 질렀다

그도 놀랐는지
내 눈을 노려보며 부리를 곧추세우고
자꾸 날개를 파닥거린다. 큰 눈을 부릅뜨더니
소나무 그루터기 같은 몸을 흔들어 댄다

숲의 비늘 같은 털들이 날리고
아픈 울음 토해가며
부리를 맹렬히 쪼아가며 창살을 긁어댄다

강화대교 지나 집으로 가는 길
부엉이 우는 소리
갇혀 버린 감빛 하늘

부지깽이

나 없는 아궁이 뭔 소용 있겠어
잉걸불에 온몸 야금야금 달궈져
사위는 줄 모르고 노닐었던 아궁이 속
살았는지 죽었는지 모른 채
달궈지고 두들겨 맞다 외마디 비명으로 남을 때
가차 없이 불길 속에 나를 던져 버리거라
한 덩이 숯도 못 되는 생이라
까마득히 흩어지는 새벽 별이더라

부추 꽃

집 앞, 낚시터에서 물고기를 잡아 온 날엔
이장님 부녀회장님 옆집 부부,
솥에 물 끓듯 물고기들 헤엄치듯 사람 붐비는,
남매를 홀로 키우고 넝쿨째 호박들 담 넘는 사내의 집

친구를 소개해 주려 무작정 들이닥쳤는데
현관을 지키는 뾰족구두, 아내 사진이 걸려있는 안방
커피 병에 아무렇게 담겨있는 꽃

감자전을 사이에 두고
남자와 친구가 소주잔을 기울이는 어색한 시간
'이혼한 집사람도 그렇고 만나봤던 여인들이 그렇고,
세상에 순수한 것을 찾을 수 있을까요?'

창문을 열자 바람 한 점
남자의 누더기 진 한숨을 실어 간다
술잔이 비워지고 가을이 한 칸씩 좁혀지듯
벽을 허물어 가는 둘.

텃밭에 소리 없이 피어난다
그 사내 닮은 꽃

봄을 빼앗다

앞집 사는 부추꽃 그 남자
휴일 저녁 주꾸미 먹으러 오라 하네

식탁 옆
부추꽃 담아준 그 커피 병에
집 뒤 덕장산에서 꺾은 생강나무 넣어두고
아침에 캔 냉이에 주꾸미 삼겹살 넣고 푸지게 차려 놨네

꽃샘추위를 꽁꽁 동여맨 산골
봄소식 퍼트리는 도도한 생강나무 꽃망울

친구와 술이 얼큰한 그 남자
집 현관
재혼한 아내 사진 석 장이 붙어 있네

생강나무 몇 가락 달라하니 취기 오른 그 남자
기꺼이 뽑아주네
길 건너 우리 집에 이른
봄 빼앗아 심었지

사라진 노숙자

부식된 철길 주변 어수선한 용현사거리
소리 잃은 호루라기, 깨진 형광 봉,
우스꽝스런 手 신호로
교통정리를 한다
절름발이 더벅머리 남루한 차림의 그가.

기적을 앞세워 석탄 눈이 흩날리고
덜컹거리던 그 시절 우리의 신호등이 되어 주던 그

수인선 철길을 지난다

재개발로 포크레인에 떠밀린 삶의 잡동사니들
미처 챙겨가지 못한 항아리, 대야, 밥그릇, 문짝,
깨진 거울…….

어디선가 휘적휘적 나타나 그가
수신호를 보낼 것 같다

상패와 리모컨 속 남자

리모컨으로 검색하다

남자가 특히 좋아하는 코미디 코너 고정하고

소파에 눕는다 라이터를 켠다

피어오르는 연기 위

눈에 꽃이 어른거린다

귓속 윙윙거리는 벌레들 날갯짓

담배 한 개비 또 피워 문다

십자매 한 쌍 쉬지 않고 철장을 쪼아 댄다

명퇴 2년 만에 남자는 TV프로만 외운다

거실 한쪽에 모셔진 몇 개의 표창장 상패 그리고 리모컨

눈조차 마주치지 않는 가족

좀비처럼 끈질기게 남자를 쫓는 불면

언제 식사를 했지?

식탁의 긴 침묵 두렵다

남자는 연기 속에서 살아간다

스스로 연기를 피운다

j

눈조차 마주치지 않는 가족들이

좀비처럼 끈질기게 남자를 뒤 쫓는다

언제 식사를 했지? 식탁의 긴 침묵이 두렵다

또 피워 문다

수중카페

바닷속 아득한 카페
수영 못하는 이들도
물고기처럼 맘껏 노닐 수 있다는 곳

어릴 적 동네 친구와 민챙이 잡으려다
물속에 빠져 죽었다 살아난 후
바다는 가까이 가본 적 없었지
얕은 개울조차 두려운 내게
해초에 감긴 그 카페는 별천지고 천국이었어
하염없이 감기는 물살의 부드러움
몸짓은 황홀한 춤사위가 되었지
꿈에서 깨어도 온종일 형형색색 물고기와 노닐었지

달려가 안기고 싶은 그 품, 아버지 같은
전설 속 바닷길
그 어딘가 용궁 카페 개업을 알렸네

몇 날을 헤매고 있네.

슬픈 바다

동해서 제일 맛있다는 막국수를 사주겠다고
우리를 데려가고
그다음 해 그를 볼 수 없었다

두 칸짜리 월세와 아들만 덩그러니 남겨두고

두부판처럼 짓누르는 밀린 세금 카드값 연체 이자.
몇 년째 숨 한번 크게 내쉬지 못한 그,
휴대폰에 먼저 떠난 아내 사진이
'기약 없는 만남'으로 저장돼있다

고기도 잘 구워주고 음악도 좋아하고 운전도 잘 해줘서
친구들이 많이 좋아하던.
누구에게나 엄지척 칭찬 아끼지 않던
그, 굽은 어깨 한번 눅눅한 얼굴빛 한번 펴보지 못했다

영정사진 볼 자신도, 울어 줄 용기도 없어
빈소는 찾지 못했다
마지막 여행에서 쉰 목소리로 마음을 털어 낸 그
저 창창한 바다, 보면 생각나는 사람
사원 모습 감추려 서둘러 샛별 따라간

정서진을 지나다

그해

물길 따라

그가 떠나다

농익은 감 속살 드러낸 노을

바라보며 속울음 삼키다

침묵으로 버텨 낸 시간

내게 와 줄 수 없다면 거기

그대로만 있어 달라

바람이 거센 날

더 고운 빛

물 아래 뚝

쏟아내다

아슴아슴

번져가다

십정동 도축장

-첫눈-

뒤엉킨 몸통, 내장들 눈부시게 즐비하다
비린내 벌름거리는 좌판 위 소머리들 단장중이다
미처 감지 못한 눈,
툭 불거진 채 부릅뜬 눈
어떤 소들은 담담한 듯 평온하다
흰 가운을 입은 젊은이가
살아 펄쩍 일지도 모를 소머리를 면도한다
그들의 生 보듬는다
무지한 날 재빠르게 거둔다

의식이 여러 날 없이 아버지 수염은 돋았다
어머니 며칠 동안 자라는 수염을 만져보며
얼굴을 부비셨다
평생 다 못한 얘기 속삭이셨다

살아서도, 죽어서도
제 몸 갈 곳 몰라 허둥대던 것들
저승길 오른다.
이른 첫눈 꽃처럼 흩뿌린다.

지독히 고요하다

악마*를 보았다

남자는 취직한 것이 기쁘기만 했다
분리수거도 정화조 청소도 밤늦은 순찰도
어떤 일도 힘들지 않았다
아이들의 경쾌한 웃음이 남자에겐 비타민이었다
주민들은 따뜻한 차와 음식도 내주었다

협소한 주차 공간을 단속하던 그 날
법규를 어긴 그의 차를 옮긴 것이 화근이었다
허락 없이 자기 차를 옮겼다고 아니 만졌다는 이유로
남자를 괴롭혔다 폭행 협박이 며칠 이어졌다

오늘은 식사 시간에 찾아와 끈질기게 괴롭히는 그의 횡포에
끝내 남자는 극락極樂 문을 두드렸다
서툰 글 (10--호 사모님 저의 억울함을 풀어 주세요,
그동안 잘 해주셔서 감사합니다)을 가슴에 꼭 안고.

하늘에서는 친구와 맘껏 통화도 하고
가끔 낮잠도 잘 수 있으리라
좋아하는 막스커피도 아무 때나 드시리라

마른 꽃 화분 몇 개 남자를 기다린다.

* 악마에게는 징역 8년이 구형되었다.

알뜰 중고 매장

누구든 나 좀 데려가 줘요
보다시피 이렇게 알몸으로 쫓겨 나와 있거든요.
코드를 뺀 채로 몸속엔 눅눅한 습기를 안고
한 달 넘게 추위에 떨고 있어요
옆에는 냉장고 두 대와 붉은 꽃무늬
선명한 전기밥솥이 있어요
주인아저씨는 며칠째 눈길 한번 주지 않아요
지나가는 누군가 발로 차질 않나,
술 취한 사람은 시비걸 듯 툭툭 건드리고 침도 뱉고.
어느 날은 밤새 눈맞고 며칠 내내 머리에 쌓이기도 했어요

내가 오래 살던, 집 주인아저씨 작은 공장이
문을 닫게 된 이후였어요
매일 나를 닦아주고, 맛난 음식을 넣어주던
아주머니가 보이지 않더니
오래지 않아 낯선 사람들이 들락거렸죠
아저씨도, 아이들도 어디론가 나간 날
내가 이렇게 버려진 거예요
어제는 몇 사람이 나를 데려가려 왔다갔지요.

안경 쓴 아주머니 한 분이 또 오겠다며
나를 한 번 더 만져 보고 갔어요
구수한 된장찌개가 먹고 싶네요

누구든 나를 데려가 주실래요.

요실금
-방울이-

서울에서 분양해 온 지 벌써 14년이 된 진도 백구
산책도 오래전 일, 누워있는 시간이 더 많아진
사료도 조금 먹고, 장난감 놀이도 시큰둥하더니,
오늘 집안에서 실례를 했다
놀라고 야단치면 무안해할까 조심스레 걸레로 닦고
온몸 주물러 주니 슬쩍 잠이 드는 녀석
얼마 전 식탁 주변에 물기가 조금씩 보이던 날이었을까.
목욕을 좋아하고 세 번의 출산도
의젓하고 깔끔하게 혼자서 치렀지
담요에서 혀를 내밀고 잘도 자는,
길고양이도 공격하지 않고.
주인 곁을 맴돌고, 개 껌을 집안 구석에 숨겨 놓는.

주인의 게으름을 닮은
주인 닮았다는 얘기를 무수히 듣던
주인과 같이 늙어 가는
내
개
.

우리 이렇게 가고 있네

-만리포-

한낮 바다는 얼마나 뜨거운가.
벌겋게 달구어진 몸 견디지 못해
잠시 몸 담그려 머뭇거리는 사이
바람으로 달려 온 舊 시대 사랑이 저물어가네
생의 반을 밀어내고 출렁이며 밀려가네
너와 나 쓸쓸한 역사 싣고 떠나가네

들끓는 이 마음 이대로 함께하자
지는 해도 바다에 뛰어들었네

유유한 맘 담아 달구어진 몸 던져 보네

원인재 驛

이젠 떠나보낼 때가 되었다는데
이제는 헤어짐이
슬프지 않은 걸 알았지
너와 나 한 시절 중간역
오늘 하루
저 끝 어디쯤 가고 또 가보자

햇살 감춘 안개 품은 가을날
비인 가슴 멀고도 긴 사연
하나 품은 떨어지는 잎들
익숙한 노래 나직이 부르고
기약 없던 지난날 조바심이 날아가고
눈부시고 다채로운 햇살이 퍼지고

은총이 내리꽂은 만추
원인재 인도 위
두 손 잡은 연인
정겨운

월미도

해가 저물 때 바다 울음을 들었다
누군가 버리고 간 핏빛 이별을 받아 준 여기서

당신과 나의 잉태를 지키지 못하고 혈을 쏟아버린.
흐리고 가난한 날을 흘려버린 그때

내 곁을 지켜 주리라
붙잡아주고 도닥거려 준 질리지도 않은 물결

멀고 먼 달의 흔적 푸른 꿈 같이
저리도 가슴 저리게 달려 안기는데.

이상한 계산

조치원에 사시는 작은 아버지
벌초하러 온 막내아들 모처럼,
등 밀어준다 해도 얼굴빛 허연 때밀이에게 몸을 맡긴다
침대 위에 벌러덩 누우신다

-거, 자네가 하면, 오래 시원타-

때밀이에게 돈을 주는 것을 작은아버지는 모른다
족히 이만원을 써야한다는 것을.
이곳에서 십여 년이 넘게 처자식 먹이고 공부 가르치느라
먹고 자는 걸 알면 기절할 거라.

막내아들 은밀히 돈을 건네고
좋다, 개운타 하시는 九旬을 바라보시는
까막눈 아버지를 모시고
집 한 채 값 족히 넘는 차를
허름한 순대국밥 집 앞에 미끄러지듯 대는 것이다

잘 가, 고양이

아파트 후문 횡단보도 옆
얼핏 얼룩 고양이 사체 짓이겨 있다
차들이 이미 달려들던 곳 속도를 줄여본다
몇 년째 지하에서 살던 놈이다
동네 아이들 사랑으로 겨우 목숨 부지하던.

어릴 적 기른 고양이 한 마리
아침이면 방문 앞에서 잠 깨우던 검은 고양이.
어디선가 사부작 사부작 걸어온다.
옥상이며, 산이며, 지하 어디든 누비리라

사파이어 같은 눈 하나
칠흑의 장마 속으로 쓸려가고 있다

정글의 법칙

월세가 서너 달씩 밀려 주인에게 시달림을 받는 세입자.
눈 하나 꿈쩍 않고 밀린 월세에 이자까지
덤으로 낚아가는 주인.
임대차 계약법 제 4항, 3개월 연체 시
주인 맘대로 조치 할 수 있다
세입자는 계약서를 보고 또 본다
각종 세금고지서는 쌓여만 가고,
대출 이자가 빠져나간 통장은 비어있고,
언제부터인지 일수까지 밀리고 있다
철없는 아이들은 텅 빈 가게에서 게임을 하며 히죽인다

이웃 상가들이 닫혀 있다.
새 주인을 찾는 곳이 부쩍 늘었다
핏기없는 얼굴엔 마른 땀이 찌들어간다
대낮에도 어둠이 채 가시지 않은, 오늘
주방 하수관 싱크대에서 오물이 역류한다
다급히 건물주에게 전화를 해봐도
주인은 오히려 큰소리로 그녀의 심장을 옥죈다.

사바나 초원 풀 섶에 숨을 죽이던 사자,
재빠르게 무리를 벗어난 얼룩말을 낚아챈다.
외마디도 지르지 못하고 날카로운 사자의 이빨에 짓이긴 채,
얼룩말은 서서히 지는 해를 따라간다.

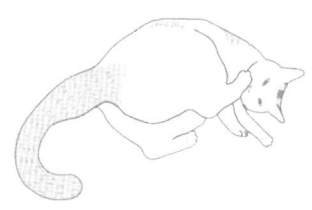

정월대보름

식구 수대로 오곡밥에 나물 다섯 가지,
물살 밀고 달빛이 귀까지 에는 추위도 잊고
어스름한 창후리 포구 밑자락까지 더듬거리며 내려가
용궁전에 소원을 빌러 가다
머리 위에 퍼지는 휘황한 빛을 보았는데

내가 빨려 들어간 듯 가슴 두근거리고
입이 벌어지고 꿈인 듯 그달에 홀려
두 손 마주 잡고 수십 번 절 하고야 제대로 본
금빛 오늘은 대보름 가장 달이 크고 밝은 날

세상에 가장 특별한 해후,
우주의 빛 내게로 들어오고 태어나
혼자 가야 하는 저 길,
정든 임 미소보다 더 환한 달을 보다니
운수대통을 빌어 본다

내게만 들리는 소리

제 3 부
제물포구락부

3분[*]

소문 듣고 찾아온 무리들, 오늘은 일찌감치 왔어.
나는 오금이 쫄아 들어 한 발짝도 움직일 수 없구,
떨고 있을 새도 없이 주인아저씨 날 끌어내더니
단방에 정수리에 釘을 내리쳤지
외마디 지를 겨를 없이 고꾸라진 내게
벌떼같이 달려들더니 따끈한 피를 받아먹었지.
번지르르한 가죽이 갈라지고 내장은 부위별로 나눠지고
살점 도려내는 소리 옹기 터지 듯 쨍쨍했어.
악머구리 같은 그들에게 내 몸이 통째 바쳐지면,
들판을 뛰고, 구름을 쫓던 꿈 멀어져 가는 거지,
언젠가 저 산을 넘어 바다도 맘껏 달리고 싶었어.
발굽을 손질하며, 아무도 모르게 헤엄을 치고 싶기도 했지.
나

* 염소 이야기

5월

어렵게 돌아와도 하늘은 더없이 맑고 푸릅니다
곳곳에 눈처럼 꽃가루가 날립니다
피 냄새 가득 뒤틀린 古木에 꽃이 피었습니다
돌아오지 않는 아들을 기다리는 한강에서
누군가 흐느끼는 소리를 들었죠
부끄럼 없는 역사가 어디에 있을까요. 영혼 없는 사람들
더러는 피 끓는 심장에 찬 물을 퍼부었죠.

아스라이 별을 담아 축제에 바칩니다
다투어 피는 꽃들에게 경건히 입맞춤을,
오랜만에 서울의 경치를 봅니다
스타벅스 커피를 마시며
어머니 신혼 때 봤다는
전설로 남아 들리는 인왕산 호랑이를 떠올립니다
이팝꽃 향이 한낮을 흔듭니다.

201호 병실

바로 옆,
담도 없는 허름한 포장마차에서 이웃집 남자에게
느닷없이 두들겨 맞고,
(단지 자기네 보다 조개구이 장사가 잘된다는 이유)
긴 가뭄에 호박잎처럼 늘어진 그녀
고막이 찢어지고 척추는 교정 중이다.
아물지 않은 수술 자국 사이로 그녀의 삶이 보인다.
을왕리 밀물이 울음 많은 그녀를 찾는다.

오 년 전 삼 남매를 혼자 키우던 그녀는
아는 사람이 살던 해수욕장 주변 빈집에 들어왔다.
파손된 배의 옆구리처럼 손발이 터져가며
겨우 포장마차 거릴 장만했다.
터를 잡아가자 남자가 텃세를 부린 것이다.
벌어지지 않은 조개를 단칼에 도려내듯

희미하게 드러내는 별들이 창가로 슬그머니 앉는다.
201호 병실.
달력에 갇힌 숫자들 부르르 떨고 있다.

제물포구락부[*]

여기야, 내 본적이
오래전 여기로 본적을 옮기고 인천에 살기로 했지
바다가 훤히 보이고
분주한 무역선들 보니 부자가 될 것 같았지
굴곡 많던 서울살이 썰물에 버리고 단숨에 밀려온 거야
내 나이 반을 훌쩍 넘는 동안
버리지 못한 자존심은 허기진 골방에 파묻히고
산기슭 숨죽여 피우는 담쟁이꽃 보며 하루하루 버티는데,
무더위 극성이던 지난여름
여수행 여객선에서 투신 한 남자를 보고
부러워한 적도 있었네
요즘은 밀린 카드 값에 대출 이자 독촉에 며칠 잠을 못 이루네
가끔 저, 고급스럽고 있어 보이는 제물포구락부는
언제든 내 집 내 본적이라 히죽 혼자 웃어본다네
어때, 제법 근사하게 사는 것 같지 않은가.
하 하.

* 인천 중구 송학동 소재 (개항기 외국인 사교클럽)

제삿날

자정을 기다린다.
조상님들의 걸음이 가까워지고
여인들 바쁜 손놀림 뒤로 음식들이 쌓인다.
아이들 몰래 먹은 부침개가 바람처럼 지나가는지
누구 하나 모른다
제사를 지내는 시간이 어둠처럼 다가오고
머리를 조아리는 이 시간 바위 같은 침묵이 누워있다
제수를 바꾸어 갈 때마다 젓가락이 가늘게 울고
붉은 과일 빛이 제주의 볼에 반짝이는 걸 보았다
紙榜이 불살라질 때 혼곤한 연기, 흔적 없이 날아가고
아이들 우르르 물린 상으로 졸린 눈을 비비며 달려간다

어른들이 飮福하는 사이 눈이 반쯤 감기고,
병풍 너머로 껄껄껄 웃는 할아버지 소리 들린다.

제주에서

지난 해 폭설로 갇힌 이틀이 아쉬워
오늘 기세등등한 군산오름을 오른다
사방으로 트인 정상에서
요람 같던 구럼비 바위가 한순간 수장 된 바다를 본다
흰고래 닮은 요트가 떠 있다
갈치 배들이 줄지어 물길을 수놓는다
형제섬 너머 검푸른 물살이 바람을 불러온다
커피 한잔에 위태로운 장 속
서둘러 애월 숙소로 향한다
예보에 없던 돌 바람이 먹구름을 몰고
웅크린 뱃속 깊이 파고든다

하늘은 점점 어둠 속에 휘말리고 있다.

중년이 되어

세상은 하나라 했던가
편견은 늘어만 가고 과학은 무궁하게 진화되어
이제 믿을 수 없는 것은 없어지고
새로운 것이 진짜가 되어야 한다네

전환을 모색해도 만화가 현실이 된다고
정의가 적폐가 된 들 해답은 멀고
사랑이라 의심치 않았던 것이
붉은 악마의 유혹이고 미끼였다네

부동의 부동액을 퍼부어도 얼어버려
내가 네가 될 수 없어
하늘은 파래야 하고 바다는 더 파래야지
모든 것은 하나이고 그래야 되는 거라 믿었지

먼지 같은 세상, 꿈이 사라지고 있는
여름 한때, 흐린 창가에 앉아
삶보다 죽음이 더 가까운 지평 간이역 앞
찻집, 그와 내가 갔던

조장* 鳥葬

하늘도 땅도 모두 하나였으리라.
나는 곧 하늘로 올라가 지켜볼 것이다

잠시 후 내 몸은 단도질 되어 독수리에 끌려 솟구치거나
까마귀 떼에 뜯긴 채 창공을 헤엄칠 것이다
내 몸은 죽었다고 번뜩이는 기운이 말해주었지만
내 영혼은 하찮은 생각을 품은 채
경건한 기도까지 하고 있다
칼 가는 섬뜩한 소리가 한때 심장을 도려내고
저 아득한 곳에 물결소리가 눈시울을 잠시 적신다
아무생각이라도 끄집어 내야한다
정적… … . 그래 정적이다
정적은 네게 작은 기억마저
신전에 바쳐지는 성스러운 발걸음

어느새 몸뚱이가 잘렸다 다행히 통증은 없다
독수리가 저승사자 되어 나를 짓누른다
나는 던져지고 독수리는 이제 승천을 도와준다
내 영혼은 이제 하늘에 남아 구름이 된다

비가 될 때까지 나는 집행유예

집행유예를 받았다

* 조장(鳥葬)- 죽은 이를 들판에 내놓고 새들이 파먹게 지내는 장사

죽녹원

이맘쯤
산벚꽃 시새울 때 성급히 만나는
대숲 소리 요란하다
닫힌 마음 엉킨 생각 안아주고 풀어주고
가까운 사람끼리
녹차를 마시며 숲, 귀 기울이다

새순에서 대죽까지
별과 달 사이 거리
하루 저문 해 맞으며
일어서네, 마른 몸
저물수록 환해지는 봄 하늘

걸을 때마다 마디마디
따라오는 소리,
스스로 울음 만들어
삼키는 녹음의 말, 말
귀로 두고 정읍에서 손을 흔드네

흔들림 없는 기차 한량
습기 머금고 잠드네

하루
쑥-자랐네,
대나무 마디
하나쯤 자라있겠네

지푸라기라는

아무것도 아닌 듯 논바닥에 누워
마지막 삶을 살던

아무도 거들떠보지 않는다
한때 누군가의 짚신이 되고 이엉이 되고 새끼줄이 되어
바람막이도 되어

혼신을 다해 살아가던.

내가
절망으로
치달을 때

붙잡기도 했던
너는

탁란 託卵

-떠돌이 개-

누군가의 둥지를 엿본다

희뿌연 새벽, 둥지 속 알을 쪼아 던지고
재빨리 제 새끼를 밀어 넣는다
감자꽃 피어 있는 밭둑 너머
무심한 뻐꾸기 소리

동네 사람들 돌을 던져 쫓아도
몇 달째 낚시터 주변을 어슬렁거린다
배가 불러오고 퉁퉁 젖꼭지 붇더니
우리 진도 집에 새끼를 낳았다

새끼를 보듬고 젖을 먹이는 떠돌이 개
중성화 수술로 애기 집 잃은 진도
배배 마른 제 젖꼭지를 더듬다
은밀한 곳을 핥아 본다

아무렇지 않게 그들의 동거는 시작되었다.

폐선 한 척

영종도 가는 길
뻘 안에 갇힌 폐선 한 척
뜨거운 볕 피하지 못하고
오도카니 웅크리고 있다
밀물에도 썰물에도, 오래전 주인과 바다를 누볐던
한때를 곱씹는다
가끔 갈매기가 안부를 묻고
이내 되돌아갈 뿐.
멀리 바지선이 가쁘게 물 밑을 헤집고
하늘길이 굉음으로 자주 파문을 일으킨다
평생 잠 한번 제대로 못 자고
뱃고동 소리 한 번 더 들으려 안간힘을 주던 날
갈기갈기 찢어진 조각난 몸
서서히 물 밑으로 침몰한다.

하필이면

혼잡한 대형마트 피해 장 보러 가는 길
앞 트럭에 돼지 예닐곱 마리 실려 있다
그들과 내가 한참을 마주 보고 있다
고개 정도만 움직일 수 있는 작은 트럭이 들썩인다
엉덩이와 머리가 뒤엉킨 채

태어나 처음 나온 입을 연신 오물거리다
한 놈이 나와 눈이 마주친다
덩치와 안 어울리게 앙증맞은 눈

낡은 선글라스 때문인지 흐린 시야로
십정동 단골 도축장 고기 사러 가는 길
때늦은 폭설로 전국에 한파까지 기승이다

잡채거리, 국거리, 찜 갈비, 만두소 넣을 고기
그것들 잔뜩 사서
차례에 올리고 가족들 배불리 먹고...... .

뒤늦게 뚫린 도로를
트럭이 질주한다

흔적 없이

하늘 성적표

보는 만큼 줍고, 보이는 만큼 줍는 일.*

지난해 이장한 부모님 수목장에 가는 길
마을 사람 한 분 양동이 가득 들고 내려오는 걸 보고
한번 해 보지 못한 묵을 쑤겠다고
아이들까지 동원해 봉지 가득, 주머니 있는 대로 주워왔다

몇 달째 베란다에 말라가고 (썩어 가고) 있다
하늘 농사라는 그것들 함부로 갖고 온 후 인터넷 뒤지고
지인들한테 묵 쑤는 법 물어보기만 하고.

외포리가 보이고, 가끔 갈매기 떼창 들리는 숲에
두고 왔더라면
다람쥐나 날짐승 겨울 양식이라도 되었겠지

하늘나라에도 인간들 성적표가 있다면,
이번 일로 한 줄 이상 죄목이 붙었겠구나
상상하기도 생각하기도 부끄러운 일

아이들 모르게

집 뒤 작은 산에 던져두고 오리라

* 윤재철 시인의 시에서 따옴

한계령을 넘다

겨울 한계령을 넘다 보면
白虎 무리를 볼 수 있다
흰 무늬 사이사이 잿빛의 갈기
곧추세우고.

한때
백두산을 누비며 호령했으리라,
큰 강 산야를 누비며
호령하기도 했으리라
해는 지고 바람은 거칠고 숲이 흔들리고

한계령을 넘다
가끔 그들을 만나기도 한다
깊은 겨울
잠깐 제 모습을 비추기도 한다는데.
누군가
그들을 보았다는데
흰 수염 휘날리며
天地를 종횡무진한다

백두대간을 휘몰아치기도 한다.

해질녘 장화리

미궁의 빛 바다로 내려온다
불꽃처럼 타오르다 식어가는 시간
물결 위에 숨을 고른다
철새들 무리 지어 날고
해송들 몸을 떤다

저,
허물어진 경계
시간을 헤치고 단단한 매듭이 풀어진다
조각난 날들 취기처럼 흥건하다
어둠의 항해가 시작되는.

自 書

을사년 무더운 여름밤
여의주 물고 하늘 오르는 황룡 꿈을 꾸신 아버지

손 귀한 집에 아들 셋(큰아들은 세 살에 잃음)과
딸 둘을 낳고
막둥이 아들이라 확신하신 어머니
태동도 요란해서 의심의 여지 없으셨지

숱 많은 머리칼 검은 피부 눈이 부리부리한,
열 달 훌쩍 넘어 낳은 딸

며칠 고개 제대로 못 들고 미역국 드시는 어머니께,
'딸이 더 좋아 좋구 말구' 껄껄 웃어 주시던 아버지께

시집을 올립니다.

시인

지 연 경

· 인천에서 태어나 중앙대학교에서 경제학을 수학
· 속셈학원과 논술학원 운영
· 현, 시 창작 강사
· 한마음 문인협회 사무국장, 인천 시조 문학회,
  서구문학회 회원, 인천시인클럽

전화 : 010.4723.8583
메일 : keongiii@hanmail.net